全国人民代表大会常务委员会公报版

中华人民共和国
湿地保护法

中国民主法制出版社

图书在版编目（CIP）数据

中华人民共和国湿地保护法/全国人大常委会办公厅供稿.—北京：中国民主法制出版社，2022.1
ISBN 978-7-5162-2749-7

Ⅰ.①中… Ⅱ.①全… Ⅲ.①湿地保护法—中国 Ⅳ.①D922.682

中国版本图书馆 CIP 数据核字（2022）第 004824 号

书名/中华人民共和国湿地保护法

出版·发行/中国民主法制出版社
地址/北京市丰台区右安门外玉林里 7 号（100069）
电话/（010）63055259（总编室）　63058068　63057714（营销中心）
传真/（010）63055259
http：//www.npcpub.com
E-mail：mzfz@npcpub.com
经销/新华书店
开本/32 开　850 毫米×1168 毫米
印张/1.375　字数/22 千字
版本/2022 年 1 月第 1 版　2022 年 1 月第 1 次印刷
印刷/三河市宏图印务有限公司

书号/ISBN 978-7-5162-2749-7
定价/8.00 元
出版声明/版权所有，侵权必究。

（如有缺页或倒装，本社负责退换）

目　　录

中华人民共和国主席令（第一〇二号）………… （1）

中华人民共和国湿地保护法 ………………… （3）

关于《中华人民共和国湿地保护法
　（草案）》的说明 ……………………………（23）

全国人民代表大会宪法和法律委员会关于
　《中华人民共和国湿地保护法（草案）》
　修改情况的汇报 ………………………………（31）

全国人民代表大会宪法和法律委员会关于
　《中华人民共和国湿地保护法（草案）》
　审议结果的报告 ………………………………（35）

全国人民代表大会宪法和法律委员会关于
　《中华人民共和国湿地保护法
　（草案三次审议稿）》修改意见的报告…………（39）

中华人民共和国主席令

第一〇二号

《中华人民共和国湿地保护法》已由中华人民共和国第十三届全国人民代表大会常务委员会第三十二次会议于2021年12月24日通过，现予公布，自2022年6月1日起施行。

中华人民共和国主席　习近平
2021年12月24日

中华人民共和国湿地保护法

（2021年12月24日第十三届全国人民代表大会常务委员会第三十二次会议通过）

目 录

第一章 总　　则
第二章 湿地资源管理
第三章 湿地保护与利用
第四章 湿地修复
第五章 监督检查
第六章 法律责任
第七章 附　　则

第一章 总 则

第一条 为了加强湿地保护，维护湿地生态功能及生物多样性，保障生态安全，促进生态文明建设，实现人与自然和谐共生，制定本法。

第二条 在中华人民共和国领域及管辖的其他海域内从事湿地保护、利用、修复及相关管理活动，适用本法。

本法所称湿地，是指具有显著生态功能的自然或者人工的、常年或者季节性积水地带、水域，包括低潮时水深不超过六米的海域，但是水田以及用于养殖的人工的水域和滩涂除外。国家对湿地实行分级管理及名录制度。

江河、湖泊、海域等的湿地保护、利用及相关管理活动还应当适用《中华人民共和国水法》、《中华人民共和国防洪法》、《中华人民共和国水污染防治法》、《中华人民共和国海洋环境保护法》、《中华人民共和国长江保护法》、《中华人民共和国渔业法》、《中华人民共和国海域使用管理法》等有关法律的规定。

第三条 湿地保护应当坚持保护优先、严格管理、系统治理、科学修复、合理利用的原则，发挥湿地涵养水源、调节气候、改善环境、维护生物多样性等多种生态功能。

第四条 县级以上人民政府应当将湿地保护纳入国民经济和社会发展规划,并将开展湿地保护工作所需经费按照事权划分原则列入预算。

县级以上地方人民政府对本行政区域内的湿地保护负责,采取措施保持湿地面积稳定,提升湿地生态功能。

乡镇人民政府组织群众做好湿地保护相关工作,村民委员会予以协助。

第五条 国务院林业草原主管部门负责湿地资源的监督管理,负责湿地保护规划和相关国家标准拟定、湿地开发利用的监督管理、湿地生态保护修复工作。国务院自然资源、水行政、住房城乡建设、生态环境、农业农村等其他有关部门,按照职责分工承担湿地保护、修复、管理有关工作。

国务院林业草原主管部门会同国务院自然资源、水行政、住房城乡建设、生态环境、农业农村等主管部门建立湿地保护协作和信息通报机制。

第六条 县级以上地方人民政府应当加强湿地保护协调工作。县级以上地方人民政府有关部门按照职责分工负责湿地保护、修复、管理有关工作。

第七条 各级人民政府应当加强湿地保护宣传教育和科学知识普及工作,通过湿地保护日、湿地保护宣传周等开展宣传教育活动,增强全社会湿地保护意识;鼓励基层群众性自治组织、社会组织、志愿者开展湿地保护法律法规和湿地保护知识宣传活动，营造保护湿地的良好氛围。

教育主管部门、学校应当在教育教学活动中注重培养学生的湿地保护意识。

新闻媒体应当开展湿地保护法律法规和湿地保护知识的公益宣传，对破坏湿地的行为进行舆论监督。

第八条 国家鼓励单位和个人依法通过捐赠、资助、志愿服务等方式参与湿地保护活动。

对在湿地保护方面成绩显著的单位和个人，按照国家有关规定给予表彰、奖励。

第九条 国家支持开展湿地保护科学技术研究开发和应用推广，加强湿地保护专业技术人才培养，提高湿地保护科学技术水平。

第十条 国家支持开展湿地保护科学技术、生物多样性、候鸟迁徙等方面的国际合作与交流。

第十一条 任何单位和个人都有保护湿地的义务，对破坏湿地的行为有权举报或者控告，接到举报或者控告的机关应当及时处理，并依法保护举报人、控告人的合法权益。

第二章　湿地资源管理

第十二条 国家建立湿地资源调查评价制度。

国务院自然资源主管部门应当会同国务院林业草原

等有关部门定期开展全国湿地资源调查评价工作，对湿地类型、分布、面积、生物多样性、保护与利用情况等进行调查，建立统一的信息发布和共享机制。

第十三条 国家实行湿地面积总量管控制度，将湿地面积总量管控目标纳入湿地保护目标责任制。

国务院林业草原、自然资源主管部门会同国务院有关部门根据全国湿地资源状况、自然变化情况和湿地面积总量管控要求，确定全国和各省、自治区、直辖市湿地面积总量管控目标，报国务院批准。地方各级人民政府应当采取有效措施，落实湿地面积总量管控目标的要求。

第十四条 国家对湿地实行分级管理，按照生态区位、面积以及维护生态功能、生物多样性的重要程度，将湿地分为重要湿地和一般湿地。重要湿地包括国家重要湿地和省级重要湿地，重要湿地以外的湿地为一般湿地。重要湿地依法划入生态保护红线。

国务院林业草原主管部门会同国务院自然资源、水行政、住房城乡建设、生态环境、农业农村等有关部门发布国家重要湿地名录及范围，并设立保护标志。国际重要湿地应当列入国家重要湿地名录。

省、自治区、直辖市人民政府或者其授权的部门负责发布省级重要湿地名录及范围，并向国务院林业草原主管部门备案。

一般湿地的名录及范围由县级以上地方人民政府或

者其授权的部门发布。

第十五条 国务院林业草原主管部门应当会同国务院有关部门，依据国民经济和社会发展规划、国土空间规划和生态环境保护规划编制全国湿地保护规划，报国务院或者其授权的部门批准后组织实施。

县级以上地方人民政府林业草原主管部门应当会同有关部门，依据本级国土空间规划和上一级湿地保护规划编制本行政区域内的湿地保护规划，报同级人民政府批准后组织实施。

湿地保护规划应当明确湿地保护的目标任务、总体布局、保护修复重点和保障措施等内容。经批准的湿地保护规划需要调整的，按照原批准程序办理。

编制湿地保护规划应当与流域综合规划、防洪规划等规划相衔接。

第十六条 国务院林业草原、标准化主管部门会同国务院自然资源、水行政、住房城乡建设、生态环境、农业农村主管部门组织制定湿地分级分类、监测预警、生态修复等国家标准；国家标准未作规定的，可以依法制定地方标准并备案。

第十七条 县级以上人民政府林业草原主管部门建立湿地保护专家咨询机制，为编制湿地保护规划、制定湿地名录、制定相关标准等提供评估论证等服务。

第十八条 办理自然资源权属登记涉及湿地的，应当按照规定记载湿地的地理坐标、空间范围、类型、面积等信息。

第十九条 国家严格控制占用湿地。

禁止占用国家重要湿地，国家重大项目、防灾减灾项目、重要水利及保护设施项目、湿地保护项目等除外。

建设项目选址、选线应当避让湿地，无法避让的应当尽量减少占用，并采取必要措施减轻对湿地生态功能的不利影响。

建设项目规划选址、选线审批或者核准时，涉及国家重要湿地的，应当征求国务院林业草原主管部门的意见；涉及省级重要湿地或者一般湿地的，应当按照管理权限，征求县级以上地方人民政府授权的部门的意见。

第二十条 建设项目确需临时占用湿地的，应当依照《中华人民共和国土地管理法》、《中华人民共和国水法》、《中华人民共和国森林法》、《中华人民共和国草原法》、《中华人民共和国海域使用管理法》等有关法律法规的规定办理。临时占用湿地的期限一般不得超过二年，并不得在临时占用的湿地上修建永久性建筑物。

临时占用湿地期满后一年内，用地单位或者个人应当恢复湿地面积和生态条件。

第二十一条 除因防洪、航道、港口或者其他水工程占用河道管理范围及蓄滞洪区内的湿地外，经依法批准占用重要湿地的单位应当根据当地自然条件恢复或者重建与所占用湿地面积和质量相当的湿地；没有条件恢复、重建的，应当缴纳湿地恢复费。缴纳湿地恢复费的，不再缴纳其他相同性质的恢复费用。

湿地恢复费缴纳和使用管理办法由国务院财政部门会同国务院林业草原等有关部门制定。

第二十二条 国务院林业草原主管部门应当按照监测技术规范开展国家重要湿地动态监测，及时掌握湿地分布、面积、水量、生物多样性、受威胁状况等变化信息。

国务院林业草原主管部门应当依据监测数据，对国家重要湿地生态状况进行评估，并按照规定发布预警信息。

省、自治区、直辖市人民政府林业草原主管部门应当按照监测技术规范开展省级重要湿地动态监测、评估和预警工作。

县级以上地方人民政府林业草原主管部门应当加强对一般湿地的动态监测。

第三章　湿地保护与利用

第二十三条 国家坚持生态优先、绿色发展，完善湿地保护制度，健全湿地保护政策支持和科技支撑机制，保障湿地生态功能和永续利用，实现生态效益、社会效益、经济效益相统一。

第二十四条　省级以上人民政府及其有关部门根据湿地保护规划和湿地保护需要，依法将湿地纳入国家公园、自然保护区或者自然公园。

　　第二十五条　地方各级人民政府及其有关部门应当采取措施，预防和控制人为活动对湿地及其生物多样性的不利影响，加强湿地污染防治，减缓人为因素和自然因素导致的湿地退化，维护湿地生态功能稳定。

　　在湿地范围内从事旅游、种植、畜牧、水产养殖、航运等利用活动，应当避免改变湿地的自然状况，并采取措施减轻对湿地生态功能的不利影响。

　　县级以上人民政府有关部门在办理环境影响评价、国土空间规划、海域使用、养殖、防洪等相关行政许可时，应当加强对有关湿地利用活动的必要性、合理性以及湿地保护措施等内容的审查。

　　第二十六条　地方各级人民政府对省级重要湿地和一般湿地利用活动进行分类指导，鼓励单位和个人开展符合湿地保护要求的生态旅游、生态农业、生态教育、自然体验等活动，适度控制种植养殖等湿地利用规模。

　　地方各级人民政府应当鼓励有关单位优先安排当地居民参与湿地管护。

　　第二十七条　县级以上地方人民政府应当充分考虑保障重要湿地生态功能的需要，优化重要湿地周边产业布局。

　　县级以上地方人民政府可以采取定向扶持、产业转移、吸引社会资金、社区共建等方式，推动湿地周边地区绿色发展，促进经济发展与湿地保护相协调。

第二十八条 禁止下列破坏湿地及其生态功能的行为：

（一）开（围）垦、排干自然湿地，永久性截断自然湿地水源；

（二）擅自填埋自然湿地，擅自采砂、采矿、取土；

（三）排放不符合水污染物排放标准的工业废水、生活污水及其他污染湿地的废水、污水，倾倒、堆放、丢弃、遗撒固体废物；

（四）过度放牧或者滥采野生植物，过度捕捞或者灭绝式捕捞，过度施肥、投药、投放饵料等污染湿地的种植养殖行为；

（五）其他破坏湿地及其生态功能的行为。

第二十九条 县级以上人民政府有关部门应当按照职责分工，开展湿地有害生物监测工作，及时采取有效措施预防、控制、消除有害生物对湿地生态系统的危害。

第三十条 县级以上人民政府应当加强对国家重点保护野生动植物集中分布湿地的保护。任何单位和个人不得破坏鸟类和水生生物的生存环境。

禁止在以水鸟为保护对象的自然保护地及其他重要栖息地从事捕鱼、挖捕底栖生物、捡拾鸟蛋、破坏鸟巢等危及水鸟生存、繁衍的活动。开展观鸟、科学研究以及科普活动等应当保持安全距离，避免影响鸟类正常觅食和繁殖。

在重要水生生物产卵场、索饵场、越冬场和洄游通道等重要栖息地应当实施保护措施。经依法批准在洄游通道建闸、筑坝，可能对水生生物洄游产生影响的，建设单位应当建造过鱼设施或者采取其他补救措施。

禁止向湿地引进和放生外来物种，确需引进的应当进行科学评估，并依法取得批准。

第三十一条 国务院水行政主管部门和地方各级人民政府应当加强对河流、湖泊范围内湿地的管理和保护，因地制宜采取水系连通、清淤疏浚、水源涵养与水土保持等治理修复措施，严格控制河流源头和蓄滞洪区、水土流失严重区等区域的湿地开发利用活动，减轻对湿地及其生物多样性的不利影响。

第三十二条 国务院自然资源主管部门和沿海地方各级人民政府应当加强对滨海湿地的管理和保护，严格管控围填滨海湿地。经依法批准的项目，应当同步实施生态保护修复，减轻对滨海湿地生态功能的不利影响。

第三十三条 国务院住房城乡建设主管部门和地方各级人民政府应当加强对城市湿地的管理和保护，采取城市水系治理和生态修复等措施，提升城市湿地生态质量，发挥城市湿地雨洪调蓄、净化水质、休闲游憩、科普教育等功能。

第三十四条 红树林湿地所在地县级以上地方人民政府应当组织编制红树林湿地保护专项规划，采取有效措施保护红树林湿地。

红树林湿地应当列入重要湿地名录；符合国家重要湿地标准的，应当优先列入国家重要湿地名录。

禁止占用红树林湿地。经省级以上人民政府有关部门评估，确因国家重大项目、防灾减灾等需要占用的，应当依照有关法律规定办理，并做好保护和修复工作。相关建设项目改变红树林所在河口水文情势、对红树林生长产生较大影响的，应当采取有效措施减轻不利影响。

禁止在红树林湿地挖塘，禁止采伐、采挖、移植红树林或者过度采摘红树林种子，禁止投放、种植危害红树林生长的物种。因科研、医药或者红树林湿地保护等需要采伐、采挖、移植、采摘的，应当依照有关法律法规办理。

第三十五条 泥炭沼泽湿地所在地县级以上地方人民政府应当制定泥炭沼泽湿地保护专项规划，采取有效措施保护泥炭沼泽湿地。

符合重要湿地标准的泥炭沼泽湿地，应当列入重要湿地名录。

禁止在泥炭沼泽湿地开采泥炭或者擅自开采地下水；禁止将泥炭沼泽湿地蓄水向外排放，因防灾减灾需要的除外。

第三十六条 国家建立湿地生态保护补偿制度。

国务院和省级人民政府应当按照事权划分原则加大对重要湿地保护的财政投入，加大对重要湿地所在地区的财政转移支付力度。

国家鼓励湿地生态保护地区与湿地生态受益地区人民政府通过协商或者市场机制进行地区间生态保护补偿。

因生态保护等公共利益需要，造成湿地所有者或者使用者合法权益受到损害的，县级以上人民政府应当给予补偿。

第四章　湿地修复

第三十七条 县级以上人民政府应当坚持自然恢复为主、自然恢复和人工修复相结合的原则，加强湿地修复工作，恢复湿地面积，提高湿地生态系统质量。

县级以上人民政府对破碎化严重或者功能退化的自然湿地进行综合整治和修复，优先修复生态功能严重退化的重要湿地。

第三十八条 县级以上人民政府组织开展湿地保护与修复，应当充分考虑水资源禀赋条件和承载能力，合理配置水资源，保障湿地基本生态用水需求，维护湿地生态功能。

第三十九条 县级以上地方人民政府应当科学论

证，对具备恢复条件的原有湿地、退化湿地、盐碱化湿地等，因地制宜采取措施，恢复湿地生态功能。

县级以上地方人民政府应当按照湿地保护规划，因地制宜采取水体治理、土地整治、植被恢复、动物保护等措施，增强湿地生态功能和碳汇功能。

禁止违法占用耕地等建设人工湿地。

第四十条 红树林湿地所在地县级以上地方人民政府应当对生态功能重要区域、海洋灾害风险等级较高地区、濒危物种保护区域或者造林条件较好地区的红树林湿地优先实施修复，对严重退化的红树林湿地进行抢救性修复，修复应当尽量采用本地树种。

第四十一条 泥炭沼泽湿地所在地县级以上地方人民政府应当因地制宜，组织对退化泥炭沼泽湿地进行修复，并根据泥炭沼泽湿地的类型、发育状况和退化程度等，采取相应的修复措施。

第四十二条 修复重要湿地应当编制湿地修复方案。

重要湿地的修复方案应当报省级以上人民政府林业草原主管部门批准。林业草原主管部门在批准修复方案前，应当征求同级人民政府自然资源、水行政、住房城乡建设、生态环境、农业农村等有关部门的意见。

第四十三条 修复重要湿地应当按照经批准的湿地修复方案进行修复。

重要湿地修复完成后，应当经省级以上人民政府林业草原主管部门验收合格,依法公开修复情况。省级以上人民政府林业草原主管部门应当加强修复湿地后期管理和动态监测,并根据需要开展修复效果后期评估。

第四十四条 因违法占用、开采、开垦、填埋、排污等活动,导致湿地破坏的,违法行为人应当负责修复。违法行为人变更的,由承继其债权、债务的主体负责修复。

因重大自然灾害造成湿地破坏,以及湿地修复责任主体灭失或者无法确定的,由县级以上人民政府组织实施修复。

第五章 监督检查

第四十五条 县级以上人民政府林业草原、自然资源、水行政、住房城乡建设、生态环境、农业农村主管部门应当依照本法规定,按照职责分工对湿地的保护、修复、利用等活动进行监督检查,依法查处破坏湿地的违法行为。

第四十六条 县级以上人民政府林业草原、自然资源、水行政、住房城乡建设、生态环境、农业农村主管部门进行监督检查,有权采取下列措施:

(一)询问被检查单位或者个人,要求其对与监督检查事项有关的情况作出说明;

(二)进行现场检查;

（三）查阅、复制有关文件、资料，对可能被转移、销毁、隐匿或者篡改的文件、资料予以封存；

（四）查封、扣押涉嫌违法活动的场所、设施或者财物。

第四十七条 县级以上人民政府林业草原、自然资源、水行政、住房城乡建设、生态环境、农业农村主管部门依法履行监督检查职责，有关单位和个人应当予以配合，不得拒绝、阻碍。

第四十八条 国务院林业草原主管部门应当加强对国家重要湿地保护情况的监督检查。省、自治区、直辖市人民政府林业草原主管部门应当加强对省级重要湿地保护情况的监督检查。

县级人民政府林业草原主管部门和有关部门应当充分利用信息化手段，对湿地保护情况进行监督检查。

各级人民政府及其有关部门应当依法公开湿地保护相关信息，接受社会监督。

第四十九条 国家实行湿地保护目标责任制，将湿地保护纳入地方人民政府综合绩效评价内容。

对破坏湿地问题突出、保护工作不力、群众反映强烈的地区，省级以上人民政府林业草原主管部门应当会同有关部门约谈该地区人民政府的主要负责人。

第五十条 湿地的保护、修复和管理情况，应当纳入领导干部自然资源资产离任审计。

第六章　法律责任

第五十一条　县级以上人民政府有关部门发现破坏湿地的违法行为或者接到对违法行为的举报，不予查处或者不依法查处，或者有其他玩忽职守、滥用职权、徇私舞弊行为的，对直接负责的主管人员和其他直接责任人员依法给予处分。

第五十二条　违反本法规定，建设项目擅自占用国家重要湿地的，由县级以上人民政府林业草原等有关主管部门按照职责分工责令停止违法行为，限期拆除在非法占用的湿地上新建的建筑物、构筑物和其他设施，修复湿地或者采取其他补救措施，按照违法占用湿地的面积，处每平方米一千元以上一万元以下罚款；违法行为人不停止建设或者逾期不拆除的，由作出行政处罚决定的部门依法申请人民法院强制执行。

第五十三条　建设项目占用重要湿地，未依照本法规定恢复、重建湿地的，由县级以上人民政府林业草原主管部门责令限期恢复、重建湿地；逾期未改正的，由县级以上人民政府林业草原主管部门委托他人代为履行，所需费用由违法行为人承担，按照占用湿地的面积，处每平方米五百元以上二千元以下罚款。

第五十四条　违反本法规定，开（围）垦、填埋自然湿地的，由县级以上人民政府林业草原等有关主管部门按照职责分工责令停止违法行为，限期修复湿地或者采取其他补救措施，没收违法所得，并按照破坏湿地面积，处每平方米五百元以上五千元以下罚款；破坏国家重要湿地的，并按照破坏湿地面积，处每平方米一千元以上一万元以下罚款。

违反本法规定，排干自然湿地或者永久性截断自然湿地水源的，由县级以上人民政府林业草原主管部门责令停止违法行为，限期修复湿地或者采取其他补救措施，没收违法所得，并处五万元以上五十万元以下罚款；造成严重后果的，并处五十万元以上一百万元以下罚款。

第五十五条 违反本法规定，向湿地引进或者放生外来物种的，依照《中华人民共和国生物安全法》等有关法律法规的规定处理、处罚。

第五十六条 违反本法规定，在红树林湿地内挖塘的，由县级以上人民政府林业草原等有关主管部门按照职责分工责令停止违法行为，限期修复湿地或者采取其他补救措施，按照破坏湿地面积，处每平方米一千元以上一万元以下罚款；对树木造成毁坏的，责令限期补种成活毁坏株数一倍以上三倍以下的树木，无法确定毁坏株数的，按照相同区域同类树种生长密度计算株数。

违反本法规定，在红树林湿地内投放、种植妨碍红树林生长物种的，由县级以上人民政府林业草原主管部门责令停止违法行为，限期清理，处二万元以上十万元以下罚款；造成严重后果的，处十万元以上一百万元以下罚款。

第五十七条 违反本法规定开采泥炭的，由县级以上人民政府林业草原等有关主管部门按照职责分工责令停止违法行为，限期修复湿地或者采取其他补救措施，没收违法所得，并按照采挖泥炭体积，处每立方米二千元以上一万元以下罚款。

违反本法规定，从泥炭沼泽湿地向外排水的，由县级以上人民政府林业草原主管部门责令停止违法行为，限期修复湿地或者采取其他补救措施，没收违法所得，并处一万元以上十万元以下罚款；情节严重的，并处十万元以上一百万元以下罚款。

第五十八条 违反本法规定，未编制修复方案修复湿地或者未按照修复方案修复湿地，造成湿地破坏的，由省级以上人民政府林业草原主管部门责令改正，处十万元以上一百万元以下罚款。

第五十九条 破坏湿地的违法行为人未按照规定期限或者未按照修复方案修复湿地的，由县级以上人民政府林业草原主管部门委托他人代为履行，所需费用由违法行为人承担；违法行为人因被宣告破产等原因丧失修复能力的，由县级以上人民政府组织实施修复。

第六十条 违反本法规定，拒绝、阻碍县级以上人民政府有关部门依法进行的监督检查的，处二万元以上二十万元以下罚款；情节严重的，可以责令停产停业整顿。

第六十一条　违反本法规定，造成生态环境损害的，国家规定的机关或者法律规定的组织有权依法请求违法行为人承担修复责任、赔偿损失和有关费用。

第六十二条　违反本法规定，构成违反治安管理行为的，由公安机关依法给予治安管理处罚；构成犯罪的，依法追究刑事责任。

第七章　附　　则

第六十三条　本法下列用语的含义：

（一）红树林湿地，是指由红树植物为主组成的近海和海岸潮间湿地；

（二）泥炭沼泽湿地，是指有泥炭发育的沼泽湿地。

第六十四条　省、自治区、直辖市和设区的市、自治州可以根据本地实际，制定湿地保护具体办法。

第六十五条　本法自2022年6月1日起施行。

关于《中华人民共和国湿地保护法（草案）》的说明

——2021年1月20日在第十三届全国人民代表大会常务委员会第二十五次会议上

全国人大环境与资源保护委员会主任委员　高虎城

委员长、各位副委员长、秘书长、各位委员：

习近平总书记高度重视湿地保护工作，多次对湿地保护作出重要指示批示。党中央把湿地保护和修复纳入生态文明建设的战略部署。全国人大常委会坚决贯彻习近平总书记重要指示批示精神和党中央决策部署，将湿地保护立法列入第十三届全国人大常委会立法规划和年度立法工作计划，由全国人大环资委牵头研究起草和提请审议。栗战书委员长，王晨、沈跃跃、丁仲礼副委员长多次就湿地保护立法作出批示指示，提出要求。全国人大环资委制定了立法工作方案，成立了湿地保护立法领导小组，组建了国务院有关部门参与的起草小组，抓紧立法调研论证起草工作。遵循科学立法、民主立法、依法立法原则，着眼强化湿地保护，坚持问题导向，聚焦湿地保护和修复，深入开展调查研究，充分听取国务院有关部门的意见，广泛听取地方以及专家意见，就重点难点问题开展专题论证，着力提高立法质量。经过深入研究论证，认真吸纳各方面意见，反复修改，形成了《中华人民共和国湿地保护法（草案）》（以下简称"草案"），已经全国人大环资委第二十七次全体会议审议通过。有关情况说明如下：

一、湿地保护立法的重要性和必要性

（一）湿地保护立法是贯彻落实习近平总书记重要指示批示和党中央决策部署的重要举措。党的十八大和十九大报告分别提出"扩大湿地面积，保护生物多样性，增强生态系统稳定性"和"强化湿地保护和恢复"。习近平总书记多次强调指出，要建立湿地保护修复制度，实行湿地面积总量管理，严格湿地用途管制，增强湿地生态功能，维护湿地生物多样性，为湿地保护立法指明了方向，提供了根本遵循。针对湿地保护进行立法，将习近平总书记重要指示批示和党中央决策部署落实落细，将党的主张通过法定程序转化为国家意志，为全社会强化湿地保护和修复提供法律遵循。

（二）湿地保护立法是为强化湿地保护和修复提供

法治保障的迫切需要。湿地是全球重要生态系统之一，具有涵养水源、净化水质、维护生物多样性、蓄洪防旱、调节气候和固碳等重要的生态功能，对维护我国生态、粮食和水资源安全具有重要作用。中共中央、国务院印发的《关于加快推进生态文明建设的意见》和《生态文明体制改革总体方案》均提出要制定湿地保护方面的法律法规。针对湿地保护进行立法，有利于从湿地生态系统的整体性和系统性出发，建立完整的湿地保护法律制度体系，为强化湿地的保护和修复提供法治保障。

（三）湿地保护立法是坚持人民至上、回应社会期待的必然要求。人和自然是生命共同体。良好生态环境是最普惠的民生福祉。湿地保护立法也是多年来代表持续关注的重要议题，十届全国人大会议以来，陆续有代表提出湿地保护立法的相关议案和建议，这些议案表达了代表的意愿，也反映了人民的心声。湿地保护立法坚持生态优先的原则，坚持以人民为中心，坚持生态惠民、生态利民、生态为民，通过制度规范保护湿地生态环境，让湿地成为人民群众共享的绿色空间，满足人民日益增长的对优美生态环境的需要。

（四）湿地保护立法是履行湿地公约的重要行动。经过近 50 年发展历程，《国际重要湿地特别是水禽栖息地公约》（以下简称"湿地公约"）已经从单纯的候鸟保护，转向湿地生态系统的全面保护，更加注重湿地生态系统及其多种功能的发挥。2021年是湿地公约缔约50周年，我国将于2021年在武汉承办湿地公约第十四届缔约方大会。加快我国湿地保护立法进程，对于全面履行湿地公约，参与和引领国际湿地保护，彰显中国推进构建人类命运共同体的良好国际形象，具有重要的促进作用。

从本世纪以来，各地根据本地区湿地保护的需要，陆续出台地方性湿地保护条例和规定。目前，已有28个省（自治区、直辖市）出台了湿地保护的地方性法规和规章，建立了一系列湿地保护制度措施，为湿地保护立法提供了良好的实践基础。

二、法律制定的指导思想和原则

湿地保护立法的指导思想是，坚持以习近平新时代中国特色社会主义思想和习近平生态文明思想、习近平法治思想为指导，贯彻落实党的十九大和十九届二中、三中、四中、五中全会精神，贯彻落实习近平总书记关于湿地保护的重要指示要求，坚持以人民为中心的发展思想，坚持山水林田湖草是生命共同体的理念，从维护湿地生态系统整体性出发，建立湿地保护修复制度，增强湿地生态功能，维护湿地生物多样性，保障生态安全，促进生态文明建设。

湿地保护立法的基本原则：一是坚持保护优先、系统治理、科学修复和合理利用，推动湿地的系统保护和可持续利用；二是坚持问题导向，注重解决湿地保护中存在的主要问题，妥善处理湿地保护中政府有关部门的相互关系，做好与相关法律的衔接，增强法律的针对性和可操作性；三是坚持政府主导、社会参与，充分发挥社会各界在湿地保护、修复工作中的作用；四是坚持立法的稳定性和创新性，吸收地方已被实践证明可行的做法，借鉴国际湿地立法的有关经验。

三、草案的主要内容

草案分为总则、湿地管理、湿地保护、湿地修复、检查与监督、法律责任和附则，共7章59条。主要内容包括：

（一）关于适用范围。草案明确本法适用的湿地，是指具有显著生态功能的自然湿地和具有重点保护野生动植物栖息、生长功能的人工湿地。国家对湿地实行分级管理及名录制度。根据实践中湿地管理情况，明确规定水田和人工养殖水域、滩涂的保护、利用及相关管理活动适用土地管理法和渔业法、海域使用管理法等有关法律的规定，明确江河、湖泊、海域等湿地的保护、利用及相关管理活动还应当适用水法、防洪法、水污染防治法、海域使用管理法、海洋环境保护法等有关法律的规定（第二条）。

（二）关于湿地管理体制。根据《深化党和国家机构改革方案》和国务院"三定"方案，草案明确国务院林业草原主管部门负责湿地资源的监督管理，拟定湿地保护规划和相关国家标准，负责湿地生态保护修复工作，监督管理湿地的开发利用。国务院自然资源、生态环境、水利、农业农村等有关部门，按照职责承担湿地管理、保护和修复等有关工作。县级以上人民政府应当加强湿地保护协调工作。县级以上地方人民政府有关部门，根据职责分工负责相关管理工作（第五条）。尊重湿地保护管理的历史和现状，依照各部门职责分工，在湿地管理、保护、修复等各章具体条款中，明确了国务院有关部门的相应职责。

（三）关于湿地分级管理和湿地名录制度。根据中央全面深化改革领导小组第二十九次会议审议通过的《湿地保护修复制度方案》关于"建立湿地分级体系"的要求，对湿地实行分级管理制度。规定国家对湿地实行分级管理及名录制度（第二条）。按照生态区位、生态功能和生物多样性等重要程度，将湿地分为重要湿地和一般湿地（第十二条）。国务院林业草原主管部门会同国务院有关部门发布国家重要湿地名录。省、自治区、直辖市人民政府或者其授权的部门负责制定省级重要湿地名录，并按照湿地资源调查评价结果在相关国土空间规划中划定一般湿地范围（第十三条）。相关名录制定主体应当依照有关法律规定及时发布名录。

（四）关于湿地调查评价、规划和重要湿地资源动态监测与预警。根据《湿地保护修复制度方案》和自然资源部印发的《自然资源调查监测体系构建总体方案》等有关规定，结合湿地生态系统管理的特殊要求，对湿地调查评价、规划和重要湿地资源动态监测与预警作出系统规定：一是明确全国湿地调查评价的责任主体和具体内容；二是明确全国湿地保护规划的编制和调整程序及要求；三是明确重要湿地资源动态监测与预警的具体内容和要求（第十条、第十四条、第二十条）。

（五）关于湿地合理利用。根据《建立以国家公园为主体的自然保护地体系的指导意见》"坚持生态为民，科学利用"的原则和"探索全民共享机制"的要求，推动湿地成为人民群众共享的绿意空间，在明确湿地合理利用要求（第二十二条）的前提下，鼓励单位和个人开展符合湿地保护要求的多种利用活动，鼓励有关单位优先安排当地居民参与湿地生态管护；县级以上地方人民政府可以采取定向扶持、产业转移、吸引社会资金、社区共建等方式，推动湿地周边地区绿色发展，促进经济发展与湿地保护相协调（第二十五条、第二十六条）。

（六）关于湿地保护和修复。一是明确了湿地保护方式；二是提出了湿地利用要求；三是规范了湿地修复原则、责任主体、修复方案及措施等；四是对红树林湿地和泥炭沼泽湿地的保护和修复作出具体规定（第二章、第三章）。

（七）关于检查与监督和法律责任。草案对湿地执法主体、检查措施及行政相对人的配合义务等作出规定（第五章）。明确监管部门及工作人员不依法履职和违法主体直接破坏湿地的法律责任,对其他法律中已经有明确法律责任的违法行为,本法不做重复性规定,同时作出了与相关法律的衔接性规定(第六章)。

　　草案和以上说明是否妥当,请审议。

全国人民代表大会宪法和法律委员会关于《中华人民共和国湿地保护法(草案)》修改情况的汇报

全国人民代表大会常务委员会:

常委会第二十五次会议对湿地保护法草案进行了初次审议。会后,法制工作委员会将草案印发各省(区、市)人大、中央有关部门和部分基层立法联系点、全国人大代表、研究机构等征求意见;在中国人大网全文公布草案,征求社会公众意见。宪法和法律委员会、环境与资源保护委员会、法制工作委员会联合召开座谈会,听取全国人大代表、中央有关部门、基层立法联系点、湿地管理机构和专家学者对草案的意见。宪法和法律委员会、法制工作委员会到辽宁、黑龙江、内蒙古、新疆等地调研,听取意见;并就草案的有关问题与有关方面交换意见，共同研究。宪法和法律委员会于9月15日召开会议，根据常委会组成人员的审议意见和各方面意见，对草案进行了逐条审议。环境与资源保护委员会、司法部、自然资源部、生态环境部、水利部、农业农村部、国家林业和草原局有关负责同志列席了会议。9月29日，宪法和法律委员会召开会议，再次进行了审议。现将湿地保护法草案主要问题的修改情况汇报如下：

一、一些常委会组成人员和地方、部门、社会公众建议，参考国际湿地公约和我国现行有关规定，对湿地的定义和保护范围予以研究完善，以有利于法律的有效实施。宪法和法律委员会经研究，建议对草案作以下修改：一是明确湿地是指：具有显著生态功能的自然或者人工的、常年或者季节性积水地带、水域，包括低潮时水深不超过六米的海域，但水田以及用于养殖的人工水域和滩涂除外。二是在实行湿地名录制度的基础上，增加发布湿地范围的规定。

二、草案第五条规定，国务院林业草原主管部门负责湿地资源的监督管理；国务院自然资源、生态环境、水利、农业农村等有关部门，按照职责承担湿地管理、保护和修复等有关工作。一些常委委员和部门、社会公众建议，进一步体现有关部门和乡镇人民政府在湿地保护中的职责。宪法和法律委员会经研究，建议对草案作以下修改：一是增加规定：乡镇人民政府、街道办事处组织群众做好本辖区的湿地保护工作，村民委员会、居民委员会予以协助。二是分别增加水行政主管部门对河湖湿地、自然资源主管部门对滨海湿地、住房城乡建设主管部门对城市湿地的保护职责。

三、一些常委委员和地方、部门、社会公众建议，对重要湿地以外的一般湿地的保护管理，进一步完善有关规定。宪法和法律委员会经研究，建议对草案作以下修改：一是增加发布一般湿地名录及加强一般湿地动态监测的规定。二是增加规定：建设项目占用一般湿地的，应当按照管理权限，征求县级以上地方人民政府授权的部门的意见。

四、根据常委委员和地方、部门的意见，宪法和法律委员会经研究，建议增加建设项目临时占用湿地审批等规定，同时明确占用湿地缴纳湿地恢复费的，不再缴纳其他相同性质的恢复费用，做好与土地管理法等法律的衔接。

五、根据常委委员和部门、社会公众的意见，宪法和法律委员会经研究，建议适当提高擅自占用国家重要湿地、严重破坏自然湿地等违法行为的罚款数额，加大处罚力度。

此外，还对草案作了一些文字修改。

草案二次审议稿已按上述意见作了修改，宪法和法律委员会建议提请本次常委会会议继续审议。

草案二次审议稿和以上汇报是否妥当,请审议。

全国人民代表大会宪法和法律委员会
2021 年 10 月 19 日

全国人民代表大会宪法和法律委员会关于《中华人民共和国湿地保护法(草案)》审议结果的报告

全国人民代表大会常务委员会：

　　常委会第三十一次会议对湿地保护法草案进行了二次审议。会后，法制工作委员会在中国人大网全文公布草案二次审议稿，征求社会公众意见，并就草案的有关问题同有关方面交换意见，共同研究。宪法和法律委员会于11月11日召开会议，根据委员长会议精神、常委会组成人员审议意见和各方面的意见，对草案进行了逐条审议。环境与资源保护委员会、司法部、自然资源部、水利部、国家林业和草原局有关负责同志列席了会议。11月30日，宪法和法律委员会召开会议，再次进行了审议。宪法和法律委员会认为，为贯彻落实党中央决策部署，加强湿地保护和修复，制定本法是必要的，草案经过两次审议修改，已经比较成熟。同时，提出以下主要修改意见：

一、有的常委会组成人员和部门提出，承担湿地保护职责的部门应加强协作，形成工作合力，建议对此提出明确要求。宪法和法律委员会经研究，建议增加规定：国务院林业草原主管部门会同国务院自然资源、水行政、住房城乡建设、生态环境、农业农村等主管部门建立湿地保护协作和信息通报机制。

二、一些常委委员和部门建议，通过开展湿地保护日、湿地保护宣传周等宣传教育活动，加强社会监督等方式，鼓励社会各方面参与湿地保护。宪法和法律委员会经研究，建议增加以下规定：一是，各级人民政府通过湿地保护日、湿地保护宣传周等开展宣传教育活动，增强全社会湿地保护意识。二是，各级人民政府及其有关部门应当依法公开湿地保护相关信息，接受社会监督。

三、一些常委会组成人员建议，进一步明确湿地保护与合理利用的关系，充分发挥湿地多种功能。宪法和法律委员会经研究，建议增加规定：国家坚持生态优先、绿色发展，完善湿地保护制度，健全湿地保护政策支持和科技支撑机制，保障湿地生态功能和永续利用，实现生态效益、社会效益、经济效益相统一。

四、有的常委会组成人员和部门提出，泥炭沼泽湿地对生态环境极为重要和特殊，建议明确禁止开采泥炭，并加大对开采泥炭违法行为的处罚力度。宪法和法律委员会经研究，建议采纳上述意见，对相关条款予以修改完善。

五、有的常委会组成人员提出，对重要湿地的修复应加强管理和持续跟踪评估，保证修复效果。宪法和法律委员会经研究，建议增加规定：林业草原主管部门应当加强修复湿地后期管理和动态监测，并根据需要开展修复效果后期评估。

六、有的常委会组成人员建议，明确破坏湿地违法行为人确实无力修复时的政府责任，以及时修复被破坏湿地。宪法和法律委员会经研究，建议增加规定：违法行为人因被宣告破产等原因丧失修复能力的，由县级以上人民政府组织实施修复。

七、有的常委委员提出，我国湿地资源种类丰富，但情况差异较大，建议授权地方根据本地实际制定具体办法。宪法和法律委员会经研究，建议增加规定：省、自治区、直辖市可以根据本地实际，制定湿地保护具体办法。

此外，还对草案二次审议稿作了一些文字修改。

11月19日，法制工作委员会召开会议，邀请部分全国人大代表、专家学者、地方湿地管理部门以及基层立法联系点等，就草案主要内容的可行性、法律出台时机、法律实施的社会效果和可能出现的问题等进行评估。普遍认为，草案贯彻落实党中央决策部署，坚持问题导向，从维护湿地生态系统整体性出发，建立健全湿地保护和修复制度，主要内容的针对性和可行性较强，建议尽快通过实施。与会人员还对草案提出了一些具体修改意见，有的意见已经采纳。

　　草案三次审议稿已按上述意见作了修改，宪法和法律委员会建议提请本次常委会会议审议通过。

　　草案三次审议稿和以上报告是否妥当，请审议。

　　　　全国人民代表大会宪法和法律委员会
　　　　　　2021 年 12 月 20 日

全国人民代表大会宪法和法律委员会关于《中华人民共和国湿地保护法(草案三次审议稿)》修改意见的报告

全国人民代表大会常务委员会：

　　本次常委会会议于12月21日上午对湿地保护法草案三次审议稿进行了分组审议。普遍认为，草案已经比较成熟，建议进一步修改后，提请本次常委会会议表决通过。同时，有些常委会组成人员和列席人员还提出了一些修改意见和建议。宪法和法律委员会于12月21日晚召开会议，逐条研究了常委会组成人员和列席人员的审议意见，对草案进行了审议。环境与资源保护委员会、自然资源部、水利部、国家林业和草原局有关负责同志列席了会议。宪法和法律委员会认为，草案是可行的，同时，提出以下修改意见：

一、草案三次审议稿第七条中规定，新闻媒体应当开展湿地保护法律法规和湿地保护知识的宣传。有的意见建议将上述规定中的"宣传"修改为"公益宣传"。宪法和法律委员会经研究，建议采纳这一意见。

二、有的常委委员提出，当前，有的地方在城市建设中违规挖湖造景，对此应予明确禁止。宪法和法律委员会经研究，建议增加规定：禁止违法占用耕地等建设人工湿地。

三、草案三次审议稿第三十条中规定，禁止向湿地引进和放生外来物种。有的意见建议增加违反上述规定的法律责任。宪法和法律委员会经研究，建议增加规定：违反本法规定，向湿地引进或者放生外来物种的，依照《中华人民共和国生物安全法》等有关法律法规的规定处理、处罚。

经与有关部门研究，建议将本法的施行时间确定为2022年6月1日。

此外，根据常委会组成人员的审议意见，还对草案三次审议稿作了一些文字修改。

草案修改稿已按上述意见作了修改，宪法和法律委员会建议本次常委会会议审议通过。

草案修改稿和以上报告是否妥当，请审议。

全国人民代表大会宪法和法律委员会
2021年12月24日